APRENDER DE LOS CHIMPANCÉS

akiara books

El discurso de la Dra. Jane Goodall, fundadora del Instituto Jane Goodall, Comandante del Orden del Imperio Británico y Mensajera de la Paz de la ONU, se reproduce con el permiso de la Generalitat de Cataluña.

Publicado por AKIARA books
Plaça del Nord, 4, pral. 1ª
08024 Barcelona (España)
www.akiarabooks.com/es
info@akiarabooks.com

Primera edición: noviembre de 2021
Colección: Akiparla, 7
Traducción del discurso: Jordi Pigem
Traducción de las «Claves del discurso»: Elena Martín Valls
Diseño y coordinación de la colección: Inês Castel-Branco y Jordi Pigem

AKIARA trabaja con criterios de sostenibilidad,
buscando una producción de proximidad
y minimizando el uso de plásticos y el impacto ambiental.

Este producto está hecho con material proveniente
de bosques certificados FSC® bien manejados
y de materiales reciclados.

Impreso en dos tintas, la tripa en papel reciclado Shiro Echo Blanc de 100 g/m²
y la cubierta en cartulina Kraftliner de 250 g/m².
Se usaron las fuentes Celeste Pro Book, Helvetica Narrow y Franklin Gothic Std.

Impreso en España
@Agpograf_Impressors
Depósito legal: B 17.884-2021
ISBN: 978-84-17440-99-2

JANE GOODALL

APRENDER DE LOS CHIMPANCÉS

Comentario de Irene Duch Latorre // Ilustraciones de Joan Negrescolor //
Edición bilingüe

ÍNDICE

DISCURSO

Pronunciado por Jane Goodall
con ocasión del Premio Internacional Cataluña (2015)

CLAVES DEL DISCURSO

DISCURSO PRONUNCIADO POR JANE GOODALL CON OCASIÓN DEL PREMIO INTERNACIONAL CATALUÑA

27 de julio de 2015

I would like, first of all, to thank the jury, and everybody here in Catalonia who makes me feel so welcome. I wish I could speak in Catalan! However, since I have somehow become a bridge between the animal kingdom and the human kingdom, I will greet you with the greeting you would hear in Gombe: "Uh uh uh uh uh uh uh uhhhhhh uhhhhhh uhhhhhh uhhhhhh". "That's me, this is Jane". This is what I just said in chimpanzee.

En primer lugar, quiero dar las gracias al jurado y a toda la gente que aquí en Cataluña me hace sentir tan bienvenida. ¡Ojalá pudiera hablar en catalán! Ahora bien, como de un modo u otro me he convertido en un puente entre el reino animal y el reino humano, os daré la bienvenida con el saludo que recibiríais en Gombe: «Uh uh uh uh uh uh uh uhhhhhh uhhhhhh uhhhhhh uhhhhhh». «Esta soy yo, soy Jane». Esto es lo que he dicho en lenguaje chimpancé.

I am sure you have already heard quite a bit about me and my life. And for this reason, I want to start off by saying that I couldn't have done anything I have done, if it wasn't because I am surrounded by wonderful people. There are many people in this room who supported me for many years; and I am very grateful to them. I especially thank Fede, who is the Executive Director of the Jane Goodall Institute in Spain, which is centred here in Catalonia.

Seguramente ya habéis oído bastante acerca de mí y de mi vida. Por eso quiero empezar dicendo que no habría podido hacer nada de lo que he hecho si no hubiera estado rodeada de gente maravillosa. Hay muchas personas en esta sala que me han apoyado a lo largo de los años y se lo agradezco mucho. Doy gracias sobre todo a Fede, el director ejecutivo del Instituto Jane Goodall en España, que tiene su sede principal aquí, en Cataluña.

I would like now to go back to the beginning of my story. I don't think I would be or I could have done what I've done, if it wasn't because I had the most extraordinary mother. She supported my love of animals, which began when I was a little girl. My mother didn't get angry when she found earthworms in my bed. Instead, she said: "Jane, if you leave them here, they'll die." And we would then bring them back into the garden. My mother didn't get angry at me either when I started dreaming of going to Africa.

When I was a little girl, we lived during the Second World War II and my family had very little money. Everybody would tell me: "Jane, why don't you dream about something you can achieve? You should forget this nonsense about Africa!" But my mother would never say that to me. What she said to me is exactly what I say now to young people around the world: "If you really want something, you will have to have to work very hard and take advantage of opportunity. And you should never give up".

Ahora me gustaría ir al principio de mi historia. Creo que no estaría aquí ni hubiera podido hacer nada de lo que he hecho, si no hubiera tenido una madre extraordinaria. Ella apoyó mi amor por los animales, que empezó cuando yo era muy pequeña. Mi madre no se enfadaba conmigo cuando encontraba lombrices en mi cama. Al contrario, me decía: «Jane, si las dejas aquí, se morirán». Y entonces las devolvíamos al jardín. Mi madre tampoco se enfadó cuando empecé a soñar con viajar a África.

Cuando era pequeña, vivimos la Segunda Guerra Mundial y mi familia tenía muy poco dinero. Todo el mundo me decía: «Jane, ¿por qué no sueñas algo que puedas conseguir? ¡Olvídate de esa tontería de ir a África!». Pero mi madre nunca me lo dijo. Lo que me decía es lo que yo ahora digo a los jóvenes de todo el mundo: «Si de verdad quieres conseguir algo, tendrás que trabajar muchísimo y aprovechar las oportunidades. Y no te rindas nunca».

I think that the support of my mother made all the difference in my life. And, on that note, it is interesting that chimpanzee societies have good mothers and bad mothers as well. Good chimpanzee mothers are affectionate and protective, but not overprotective. Good mothers are above all supportive, and for this reason their offspring do better in life. This is why I feel very strongly about the importance of the mother.

Creo que el apoyo de mi madre influyó decisivamente en mi vida. En relación con esto, es interesante
que entre los chimpancés también hay buenas madres
y malas madres. Las chimpancés que son buenas madres son afectuosas y protectoras, pero no sobrepro-
tectoras. Las buenas madres, sobre todo, dan apoyo a
sus hijos, y eso hace que se desenvuelvan mejor en la
vida. Por eso creo muchísimo en el papel de la madre.

I made it to Africa. I saved up enough money and I did get the opportunity of going to live not just with any animal, but with the animal which is most similar to us. How lucky was that! The anthropologist Louis Leakey saw something in me that made him feel I would be the person he had been looking for to go and learn about chimpanzees. He wanted to study the great apes because he was trying to imagine how the first humans, our ancestors, may have behaved.

Conseguí ir a África. Ahorré suficiente dinero y tuve ocasión de ir a vivir no con un animal cualquiera, sino con el que más se parece a nosotros. ¡Qué suerte tuve! El antropólogo Louis Leakey vio algo en mí que le hizo sentir que yo era la persona que había estado buscando para ir a aprender de los chimpancés. Él quería estudiar a los grandes simios porque intentaba imaginar cómo podían haber actuado los primeros humanos, nuestros antepasados.

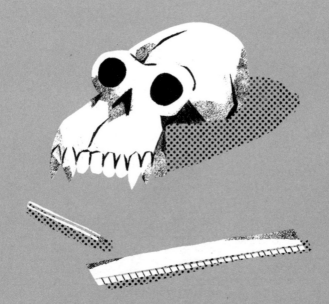

Indeed, there are so many behaviours that are similar in humans and chimpanzees. For example, the relationship between a mother and her family, the supportive bonds that last throughout a lifetime, the very complex societies, the gestures of communication such as kissing, embracing, and petting one another... It was a bit of a shock to find that chimpanzees also have a dark side. I first thought they were like us, but nicer. But now that we have studied them, we know that they can also be brutal and even make war. They also show love, compassion, and altruism. The chimpanzees have made clear that there is not a sharp line dividing us from the rest of the animal kingdom.

De hecho, hay muchos comportamientos que son similares entre humanos y chimpancés. Por ejemplo, la relación entre una madre y su familia, los vínculos de apoyo que duran toda una vida, sociedades muy complejas, gestos comunicativos como los besos, abrazos y caricias... Fue un poco impactante descubrir que los chimpancés también tienen un lado oscuro. Al principio, creía que eran como nosotros, pero más agradables. Pero, ahora que los hemos estudiado, sabemos que también pueden ser violentos e incluso hacer la guerra. También muestran amor, compasión y altruismo. Los chimpancés han dejado claro que no hay ninguna línea nítida que nos separe del resto del reino animal.

When I went to Gombe, I hadn't been to college. Louis Leakey said: "We don't have time for you to get a B.A., you have to go straight for a PhD". This was a little bit scary. Said and done, he got me a place in Cambridge University. Can you imagine my dismay when I was told I had done everything wrong? I shouldn't have given the chimpanzees names, they should have been numbered; I shouldn't talk about them having personality or mind capable of thinking, and I certainly couldn't talk about them having emotions. Back then, it was thought that only humans were able to have emotions and use tools. You may be asking how I managed to stand up to these professors, all so erudite in scientific thinking, with me knowing nothing really about science. I could do so because when I was a child, I had a wonderful teacher who taught me the professors were wrong. And that teacher was my dog, Rusty. He was my childhood teacher. You cannot share your life with any kind of animal and not know that animals do have emotions.

Cuando fui a Gombe, yo no había pasado por la universidad. Louis Leakey me dijo: «No tenemos tiempo para que empieces una carrera, has de ir directamente a conseguir el doctorado». Esto me asustó un poco. Dicho y hecho, me consiguió una plaza en la Universidad de Cambridge. ¿Os imagináis mi consternación cuando me dijeron que lo había hecho todo mal? No tendría que haber dado nombres a los chimpancés, tendría que haberlos numerado; no podía decir que tenían personalidad o una mente capaz de pensar, y, por supuesto, no podía decir que tenían emociones. En aquel tiempo, se creía que solo los humanos podían sentir emociones y utilizar herramientas. Quizás os preguntáis cómo conseguí enfrentarme a aquellos profesores, todos tan eruditos en el pensamiento científico, cuando yo realmente no sabía nada sobre ciencia. Lo conseguí porque cuando era pequeña tuve un maestro fantástico que me enseñó que los profesores se equivocaban. Ese maestro fue mi perro, Rusty. Fue mi maestro de infancia. No puedes compartir la vida con un animal sin darte cuenta de que los animales tienen emociones.

Anyway, I got my PhD. I went back to Gombe and I built up a research station. It was the life I dreamt of and better. So, why did I leave?

In 1986, I attended an international conference that brought all the chimpanzee researchers together. We had a session on conservation, and it was truly shocking. Wherever chimpanzees were being observed, all across Africa, there was habitat destruction. It was also the beginning of the commercial hunting of wild animals for food, including chimpanzees. And as people were moving further into the forest, the danger of disease transmission increased, because chimpanzees can be infected with human diseases.

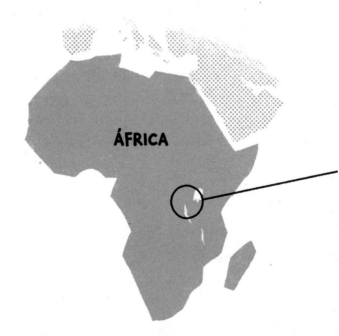

En cualquier caso, conseguí mi doctorado. Volví a Gombe y establecí un centro de investigación. Era la vida que había soñado, o todavía mejor. Entonces, ¿por qué me fui?

En 1986, participé en una conferencia internacional que reunió a todos los expertos en chimpancés. Hubo una sesión sobre conservación que fue realmente impactante. En todos los lugares donde se estaba estudiando a los chimpancés, por toda África, los hábitats estaban siendo destruidos. También empezaba la caza de animales salvajes para vender su carne, chimpancés incluidos. Y, a medida que la gente se adentraba cada vez más en la selva, aumentaba el peligro de transmisión de enfermedades, porque los chimpancés se pueden contagiar con enfermedades humanas.

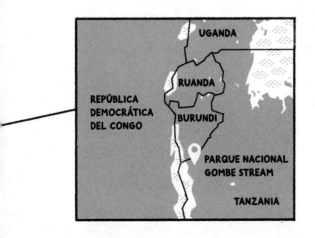

We also organized a session on conditions in medical research laboratories where chimpanzees are used to test vaccines to search for cures for our diseases. And despite that those scientists clearly understood that chimpanzees were extremely similar to us in biological terms, they would never admit that there were also similarities in personality, in mind, and above all, in emotion. When I left that conference, I knew I had to try and do something. I didn't know what I could do, but I couldn't just carry on ignoring these problems. Chimpanzees had given me so much that I knew I had to try to help them.

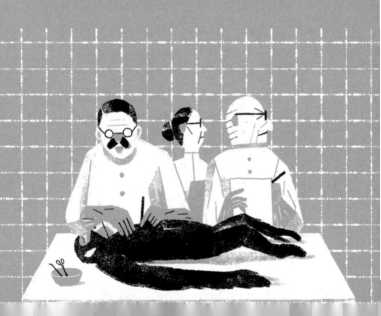

También organizamos una sesión sobre las condiciones en los laboratorios médicos que utilizan chimpancés para probar vacunas y buscar tratamientos para nuestras enfermedades. Y, a pesar de que aquellos científicos comprendían perfectamente que los chimpancés son muy parecidos a nosotros biológicamente, no eran capaces de admitir que también había similitudes en cuanto a la personalidad, la mente y, sobre todo, las emociones. Cuando salí de aquella conferencia, sabía que tenía que intentar hacer algo. No sabía qué podría hacer, pero no podía seguir ignorando estos problemas. Los chimpancés me habían dado tanto que sabía que tenía que intentar ayudarlos.

One of the first things that happened, is that I flew above Gombe National Park in a small plane. In 1960, everything around Gombe was covered by forest, all the way along Lake Tanganyika curling around into the Great Congo Basin. When I looked down at this National Park in 1986, it was an oasis of forest surrounded by completely bare hills. Farmland was overused and infertile. People were struggling to survive.

I realized that we cannot even try to save the chimpanzees if people are living in this desperate situation. For this reason, we established our program Take Care, or TACARE, to improving the lives of the people in a completely holistic way. This program became very successful because local people became our partners in conservation after their own lives were improved. Now we have established similar programs in six African countries.

Una de las primeras cosas que ocurrieron es que sobrevolé el Parque Natural de Gombe en una pequeña avioneta. En 1960, alrededor de Gombe todo estaba cubierto de bosque; este rodeaba todo el lago Tanganica hasta llegar a la gran cuenca del Congo. Cuando miré aquel parque desde la avioneta en 1986, era un oasis de bosque rodeado completamente de montes pelados. Las tierras de cultivo estaban sobreexplotadas y se habían vuelto yermas. La gente luchaba para sobrevivir.

Me di cuenta de que no podíamos intentar salvar a los chimpancés si la gente estaba en una situación tan desesperada. Y por eso establecimos el programa Take Care [«Cuida»], o TACARE, para mejorar de una manera holística la vida de aquellas personas. Aquel programa fue muy exitoso, porque, una vez que sus vidas hubieron mejorado, la gente local se unió a nosotros en la tarea de conservación. Ahora tenemos programas similares en seis países africanos.

We are learning that chimpanzees have different cultures depending on where they live. Culture is the series of behaviours passed from one generation to the next through observation and learning. For example, chimpanzees in Senegal may leave their nests in the night to forage. Chimpanzees in Gombe would never leave their nests at night; and this happens because it is much hotter in Senegal than in Gombe. We are still learning amazing things about the chimpanzees, despite that their numbers are getting less and less.

Estamos aprendiendo que los chimpancés tienen culturas distintas según el lugar donde viven. La cultura es el conjunto de comportamientos que se transmiten de una generación a la siguiente a través de la observación y el aprendizaje. Por ejemplo, en Senegal, los chimpancés pueden dejar su nido durante la noche para ir a buscar comida. Los chimpancés de Gombe no abandonarían nunca sus nidos de noche, pero esto ocurre porque en Senegal hace mucho más calor que en Gombe. Todavía estamos aprendiendo cosas fascinantes sobre los chimpancés, a pesar de que su población se está reduciendo cada vez más.

Now each community monitors the health of its neighboring forests. The chimpanzees have three times more forest than they had ten years ago. We are also beginning to create biological corridors linking the chimpanzees of Gombe that were isolated and had no chance for long-term survival.

However, bushmeat trade means that the mother chimpanzees are shot. If the mothers are killed, then the infant chimpanzees become orphans. We also take care of these little orphaned infants.

Ahora cada comunidad local custodia la salud de los bosques que tiene cerca. Los chimpancés tienen tres veces más bosque que hace diez años. También estamos empezando a construir corredores biológicos para conectar los chimpancés de Gombe que estaban aislados y no habrían podido sobrevivir a largo plazo.

Sin embargo, el tráfico de carne de animales salvajes hace que las madres chimpancés sean muertas a balazos. Al matar a las madres, las crías quedan huérfanas. También nos hacemos cargo de estas crías huérfanas.

I decided to travel around Africa to do what I could: giving talks, talking to heads of state, talking to ministers of the environment, talking to children... I was realizing that many of Africa's problems stem back to the days of colonialism. The root of these problems is the wealthy countries taking Africa's natural resources. So I should better start talking in Europe, and in North America, and then in South America, more and more parts of Asia, and now even the Middle East.

Decidí viajar por toda África haciendo lo que podía: dando conferencias, hablando con jefes de Estado, con ministros de Medio Ambiente, con niños y niñas... Y me di cuenta de que gran parte de los problemas de África se remontan a los días del colonialismo. La raíz de estos problemas es que los países ricos se apoderan de los recursos naturales de África. Por tanto, vi que era mejor ir a explicarlo a Europa y a América del Norte, y después a América del Sur, a diversas partes de Asia y, ahora, incluso a Oriente Medio.

I learnt so much about the harm we are inflicting on our planet. And we have only one planet. This is why it is very important to know which is the biggest difference between us, chimpanzees, and other animals. This difference is the fact that we have developed an amazing way of communicating with words. By using words, we can teach our children not just by doing something which they observe, but also by telling them about things that they cannot see, such as things from past and things from the future. I believe that it is this power of language that brings people together to discuss problems and find solutions.

Aprendí muchísimo sobre el daño que estamos haciendo a nuestro planeta. Y solo tenemos uno. Por eso es muy importante conocer la gran diferencia que hay entre nosotros, los chimpancés y los demás animales. Es el hecho de que hemos desarrollado una forma increíble de comunicarnos con palabras. Con las palabras, podemos enseñar a los niños y niñas no solo a través de la observación, sino hablándoles sobre aquello que no pueden ver, como por ejemplo cosas del pasado y del futuro. Creo que este poder del lenguaje es lo que nos hace reunirnos para hablar de los problemas y encontrarles soluciones.

Chimpanzees are way more intelligent than we used to think. So are birds, so are dolphins, so even are the octopuses. But it doesn't compare with our brain. We have made rockets that went out to Mars. But clearly, we don't want to go and live in Mars, which is a very grim planet. We want to live in our planet, which is a beautiful planet!

So, how it is possible that the creature with the biggest intellect that has ever walked the planet is destroying our only home? How have we allowed ourselves to have done so much harm? And now that we know, how can we allow ourselves to keep doing harm? This is why I concentrate so heavily on our program for young people.

Los chimpancés son mucho más inteligentes de lo que creíamos. También lo son las aves, los delfines, e incluso los pulpos. Pero no hay comparación con nuestro cerebro. Hemos construido cohetes que han llegado a Marte. Pero, obviamente, no queremos ir a vivir allí, pues es un planeta realmente desolador. ¡Queremos vivir en nuestro planeta, que es precioso!

Entonces, ¿cómo es posible que la criatura con el mayor intelecto que haya caminado jamás sobre la Tierra esté destruyendo nuestro único hogar? ¿Cómo nos hemos permitido hacer tanto daño? Y ahora que lo sabemos, ¿cómo podemos permitirnos seguir haciendo daño? Por eso me concentro especialmente en nuestro programa para la gente joven.

While I travel around the world, I have been meeting young people that have little hope for the future, who are angry, or depressed, or just apathetic. And why is that? Because, as they told me, we have compromised their future. When I think how we have harmed the planet since I was a child, I feel ashamed of our species. There are scientists that believe that whatever we do now, there is no way that we can avoid completely destroying our planet. It may be wishful thinking, but I don't think they are right. I think we shall continue to have hope.

Viajando por el mundo, me he encontrado con jóvenes que tienen muy poca esperanza en el futuro, que están enfadados, deprimidos o, simplemente, apáticos. ¿Y por qué? Porque, como me dijeron, hemos puesto en peligro su futuro. Cuando pienso en el daño que hemos hecho a nuestro planeta desde que yo era pequeña, me siento avergonzada de nuestra especie. Hay científicos que creen que, hagamos lo que hagamos, ya no hay manera de que podamos evitar destruir completamente nuestro planeta. Quizás soy ingenua, pero creo que no tienen razón. Creo que tenemos que mantener la esperanza.

That's why I began the Roots & Shoots program for youth. When we started, there were only twelve high school students; now we have students from over 130 countries. The main message of Roots & Shoots is that every single one of us, doesn't matter how old we are, makes a difference every single day. And we can choose which kind of difference we will make in the world today. Every group of Roots & Shoots chooses three projects to make the world a better place: a project to help people, to help other animals, and to help the environment that we share. And each project has the goal to learn to live in peace and harmony with each other. We must learn to live in peace and harmony with people from different nationalities, religions, and countries, and with Mother Nature.

Por eso inicié el programa Roots & Shoots [«Raíces y Brotes»] para la juventud. Cuando empezamos, teníamos solo doce estudiantes de instituto; ahora tenemos estudiantes de más de 130 países. El mensaje principal de Roots & Shoots es que cada uno de nosotros, tengamos la edad que tengamos, podemos marcar la diferencia cada día. Y podemos elegir qué tipo de diferencia queremos marcar hoy en el mundo. Cada grupo de Roots & Shoots escoge tres proyectos para hacer del mundo un lugar mejor: un proyecto para ayudar a las personas, para ayudar a otros animales y para ayudar al medio ambiente que compartimos. Y cada proyecto tiene como objetivo aprender a vivir en paz y armonía con los demás. Tenemos que aprender a vivir en paz y armonía con personas de diferentes nacionalidades, religiones y países, y con la Madre Naturaleza.

And now, everywhere I go, I find young people with shining eyes wanting to tell me what they have been doing and what they plan to do to make this world a better place. They know about all the problems we have inflicted to the planet, even if we don't know they do. For this reason, I think we need to listen to their voices and empower them to take action themselves. I see hope in the youth changing the world. And this is my greatest reason for being hopeful.

Y ahora, en todos los lugares a los que voy, me encuentro con jóvenes de ojos brillantes, deseosos de explicarme qué han estado haciendo y qué piensan hacer para convertir este mundo en un lugar mejor. Saben de todos los males que hemos causado al planeta, aunque no sepamos que lo saben. Por eso creo que hay que escuchar a los jóvenes y darles herramientas para que ellos mismos pasen a la acción. Veo esperanza en la gente joven cambiando el mundo. Y este es mi principal motivo para tener esperanza.

I also have other reasons for hope. One of my reasons is the amazing brain of humans. Now that we know the problems, we are using our brain to tackle them. For example, we have designed alternative technologies to extract renewable energy from the sun and wind. These technologies are fantastic, but we can also use our brain in our own individual lives to make the right choices every day. Today we may help by saving water, turning off the lights, or finding out where the things we want to buy come from. They may seem just small choices, but they are very important. If you do all these small choices today, they will be thousands of small choices; if every single one of us does all these right choices today, they will be millions of right choices.

También tengo otras razones para la esperanza. Una de ellas es el fantástico cerebro de los humanos. Ahora que conocemos los problemas, estamos utilizando nuestro cerebro para afrontarlos. Por ejemplo, hemos creado tecnologías alternativas para extraer energía renovable del sol y del viento. Estas tecnologías son estupendas, pero también podemos usar nuestro cerebro para escoger las acciones correctas cada día. Quizás hoy ahorraremos agua, o apagaremos las luces, o averiguaremos de dónde viene lo que queremos comprar. Pueden parecer acciones pequeñas, pero son muy importantes. Si hacéis todas estas pequeñas acciones cada día, serán miles de pequeñas acciones; si todo el mundo hace estas buenas acciones cada día, serán millones de buenas acciones.

My next reason for hope is the resilience of nature. Places that we destroyed can be saved; and despite they may not be exactly the same places, they can once again support life. This is what happened around Gombe. I have also been to so many other places in the world that were destroyed, but that they have become green and beautiful again. Places where animals are coming back from the very brink of extinction! You have a great example here: the Iberian lynx.

Mi siguiente razón para la esperanza es la resiliencia de la naturaleza. Lugares que habíamos destruido se pueden restaurar, y, aunque no vuelvan a ser exactamente los mismos, pueden acoger vida otra vez. Esto es lo que pasó alrededor de Gombe. También he ido a muchos otros lugares del mundo que habían sido destruidos y ahora vuelven a ser verdes y bellos. ¡Lugares a los que regresan animales que habían estado al borde de la extinción! Aquí tenéis un gran ejemplo: el lince ibérico.

And my next reason for hope is the indomitable human spirit. There is people who tackle seemingly impossible tasks without giving up, such as those who overcome tremendous physical disabilities. There are icons like Nelson Mandela, who came out of 27 years of brutal jail confinement with the amazing ability to forgive and let his nation out of the evil regime of the apartheid peacefully. But there are also many people out in the streets who suffered tremendous misfortunes and, despite this, managed to build up for themselves a life.

Y mi siguiente razón para la esperanza es el indómito espíritu humano. Hay gente que afronta tareas que parecerían imposibles, sin rendirse, como quienes superan grandes discapacidades físicas. O figuras como Nelson Mandela, que, después de veintisiete años encarcelado en condiciones terribles, fue capaz de perdonar y de liberar pacíficamente su nación del terrible régimen del apartheid. Pero también hay muchísima gente en la calle que ha sufrido tragedias horribles y, pese a ello, ha conseguido rehacer su vida.

And my last reason for hope is rather a strange one. Last year, I took part in the Climate March, in New York, in September 2014. And the organizers thought: maybe there will be 80,000 people if we are lucky. We were actually 400,000 people, and even the police had to stop people coming because the streets were too crowded. You may be asking why that happened. It was social media! And that was happening in all the major cities around the world. It was the biggest single gathering of people, united over one issue, that we have ever had in the world. So, if social media is used correctly, we can bring people together around an issue.

And finally, we have to have hope! If we don't, it is only to eat, and drink, and be merry because tomorrow we will die. And we cannot do that with these brains that have been given to us.

Y mi última razón para la esperanza puede parecer un poco extraña. El año pasado, participé en la Marcha por el Clima en Nueva York, en septiembre de 2014. Los organizadores pensaban que, con suerte, participarían 80.000 personas. En realidad, fuimos 400.000; tantas que la policía tuvo que impedir que llegaran más porque las calles estaban abarrotadas. Tal vez os preguntaréis por qué fue así. ¡Por las redes sociales! Y eso estaba pasando en todas las grandes ciudades del mundo. Fue el mayor encuentro de personas unidas por una sola causa que se haya dado nunca en el mundo. Por lo tanto, si utilizamos bien las redes sociales, podemos movilizar a la gente por una causa común.

Y, finalmente, ¡hay que tener esperanza! Sin esperanza, solo queda comer, beber y pasarlo bien, porque mañana moriremos. Y no podemos hacer eso con estos cerebros que se nos han dado.

And to finish, I thank you again for honouring me with this award. I would like to thank the jury for agreeing that I should be given this award, and all of you for being here tonight so that I can share my message with you. It's a message that travels with me around the world, 300 days a year. It's a crazy life, and so I wouldn't do it if it didn't make some kind of impact. For instance, since it began in 1991, a hundred thousand groups of Roots and Shoots have been created, at least a hundred thousand groups. And I am not even counting all those people who have been through the program since 1991. So, we are building up to a critical mass of people who understand. Yes, we do need money to live, unfortunately, most of us do; but things go wrong when we start living for money.

So, once again, my thanks to all of you.

Y, para acabar, os doy las gracias una vez más por honrarme con este premio. Quiero dar las gracias al jurado por haberme premiado, y a todos los que estáis aquí esta tarde por haberme permitido compartir mi mensaje. Es un mensaje que viaja conmigo por el mundo trescientos días al año. Es una vida loca, y por tanto no lo haría si no tuviera repercusión. Por ejemplo, desde su inicio en 1991, se han creado cien mil grupos de Roots & Shoots; al menos cien mil grupos. Y eso sin contar a todas las personas que han pasado por el programa desde 1991. Por tanto, empieza a haber una masa crítica de personas que lo entienden. Sí, necesitamos dinero para vivir; desgraciadamente, la mayoría de nosotros lo necesitamos, pero las cosas se tuercen cuando empezamos a vivir en función del dinero.

Así que, una vez más, gracias a todos y todas.

CLAVES DEL DISCURSO
Jane Goodall, la primatóloga humanitaria

Irene Duch Latorre

El 27 de julio de 2015, Jane Goodall pronuncia este discurso con motivo de la entrega del XXVII Premio Internacional Cataluña. Los aplausos del público son abrumadores. Es imposible no emocionarse al verla y escucharla en directo. Hoy en día, desde los más pequeños hasta los más mayores, todo el mundo ha oído hablar de Jane Goodall. La mayoría de la gente se refiere a ella como «la mujer de los chimpancés» o «la madre de los chimpancés». Y no se equivocan, pues pasó casi treinta años en África observando y estudiando chimpancés en libertad. Por eso su trabajo como primatóloga (persona que estudia los primates) y etóloga (persona que estudia el comportamiento de los animales) ha sido reconocido mundialmente. Pero en este comentario no hablaré solo de la Jane primatóloga y etóloga, sino también de la Jane conservacionista y mensajera de la paz; es decir, de la Jane activista y comprometida.

Jane Goodall espera afablemente en el Palacio de la Generalitat a que cesen los aplausos. En el momento de dirigirse al público, ya tiene ochenta y un años, pero sus ojos brillan de entusiasmo y habla con energía. No siente vergüenza y, con una naturalidad sorprendente, cuando quiere expresar cómo sería su nombre en «lenguaje chimpancé», empieza a aullar, por lo que el público se ríe a carcajadas. Ella sonríe y sigue hablando.

Las aventuras de la pequeña Jane

Tan pronto como empieza su discurso, Jane Goodall se apresura a mencionar a su madre y a su perro. Cuenta que está en deuda con ambos, especialmente con su madre, pues sin ella nunca habría llegado donde está ahora. También cuenta que la figura de la madre es muy importante para los chimpancés y para el resto de especies animales, ya que las madres suelen ser las que se encargan de sacar adelante a las crías. Así, muestra su reconocimiento y agradecimiento a una de las personas más importantes de su vida.

La madre de Jane Goodall se llamaba Myfanwe (Vanne), y siempre estimuló la curiosidad y las ganas de aventura de su hija. Por ejemplo, Vanne no regañaba a Jane cuando llevaba lombrices a su cuarto. Tampoco la regañó cuando, en una ocasión, con solo cuatro años, desapareció durante cuatro horas. ¡Incluso llegó a llamar a la policía! La pequeña Jane se había empeñado en saber de dónde venían los huevos de gallina y se pasó toda la tarde escondida en el gallinero hasta que encontró la respuesta. Cuando apareció, sucia y hambrienta, pero exultante, su madre no solo no la castigó, sino que escuchó con atención su descubrimiento.

Vanne también proporcionó a la pequeña Jane muchos libros de animales, entre estos, sus preferidos, las novelas de Tarzán de los monos. Como seguramente ya sabéis, estas novelas cuentan las aventuras de un niño que se perdió en las selvas de África y fue adoptado por una familia de simios; más adelante, acabó casándose con una chica llamada Jane. Vale la pena mencionar que Jane Goodall siempre dice que Tarzán «se casó con la Jane equivocada», porque ella también quería viajar a África y vivir entre animales. Pero llevar a cabo ese sueño era muy complicado, pues no tenían el dinero suficiente para viajes de este tipo. Aun así, su madre insistía: «Si de verdad quieres conseguir algo, tendrás que trabajar muchísimo y aprovechar las oportunidades. Y no te rindas nunca». Ella siguió al pie de la letra este consejo, y esto le permitió llegar a donde está ahora.

A los quince años, Jane Goodall adoptó un perro faldero de color blanco y negro, Rusty. Cuando más adelante viajó a África sin ningún tipo de conocimiento formal sobre el comportamiento animal, pronto se dio cuenta de que había aprendido mucho observando a Rusty; especialmente, algo esencial que marcó profundamente su carrera: que los animales tienen emociones.

La llegada a África y Louis Leakey

En 1952, cuando Jane Goodall terminó el instituto, no estaba bien visto que las mujeres estudiaran en la universidad. Solo se les permitía ser maestras, enfermeras o secretarias, y ella eligió estudiar para ser secretaria. Trabajando de secretaria en Londres, Goodall sabía que estaba muy lejos de su sueño, pero un día se le presentó la oportunidad perfecta. Una amiga de la escuela la invitó a visitarla en Nairobi, Kenia, en África oriental. Dicho y hecho, Goodall ahorró suficiente dinero para pagarse un viaje en barco (¡un mes entero en el mar!) hasta las costas de África. Una vez allí, buscó un trabajo de secretaria en Nairobi. Obviamente, aún se encontraba muy lejos de su aspiración de estudiar animales en la selva..., ¡pero al menos ya estaba en el continente correcto! Todo cambió radicalmente cuando los padres de su amiga le aconsejaron que se pusiera en contacto con el famoso doctor Louis Leakey, que en aquella época dirigía el Museo Nacional de Kenia.

Leakey era un paleoantropólogo y arqueólogo muy famoso que excavaba principalmente en Kenia y Tanzania, buscando fósiles de los antepasados de los seres humanos. Por aquel entonces, él y la mayoría de antropólogos coincidían en que era allí, en el este de África, donde estaba la cuna de la humanidad, pero Leakey se distinguía del resto de antropólogos por dos motivos muy importantes. En primer lugar, valoraba y respetaba a las mujeres como a iguales. Aunque lo contrario nos pueda parecer inadmisible hoy en día, tal como hemos dicho, en aquella época a las mujeres apenas se les permitía ir a la universidad, ¡y mucho menos participar en excavaciones científicas! Y, en segundo lugar, Leakey ideó una nueva metodología para entender nuestros orígenes: estudiar a los grandes simios.

Los grandes simios son un grupo de primates que incluye a los chimpancés, bonobos, gorilas y orangutanes. Son los primates más cercanos a nosotros, porque todos descendemos de un antepasado común bastante reciente. Los chimpancés y los humanos compartimos un antepasado de 7 millones de años de antigüedad, el cual fue evolucionando y con el tiempo dio origen a dos ramas distintas, la de los chimpancés y bonobos, y la nuestra. Partiendo de este concepto, Louis Leakey decidió estudiar el comportamiento de los chimpancés (y también de los gorilas y los orangutanes) y compararlo con el nuestro. Su lógica era la siguiente: si los chimpancés y los humanos tienen un mismo comportamiento en común —por ejemplo, fabricar y utilizar herramientas—, muy probablemente nuestros antepasados también lo compartían.

Jane Goodall no se lo pensó dos veces y llamó a Louis Leakey, que la invitó a visitarlo en el museo. Había que tener mucho coraje para aceptar aquella invitación: Goodall no había ido a la universidad, mientras que Leakey era un investigador de mucho prestigio. Pero, curiosamente, las cualidades de Goodall (una gran pasión por los animales y falta de formación científica profesional) eran justamente las que Leakey buscaba desde hacía tiempo. Él soñaba con realizar un estudio de campo sobre los chimpancés salvajes en el Parque Nacional de Gombe, en Tanzania, y, como no estaba de acuerdo con los paradigmas científicos de la época, quería contratar a una persona que estuviera libre de todos aquellos prejuicios... Y así fue como ofreció el trabajo a Goodall. Hoy en día, cuando damos tanta importancia al hecho de tener una carrera, un máster, un doctorado y otras proezas académicas, deberíamos recordar los criterios de Louis Leakey y revalorar otras cualidades tan importantes como el entusiasmo o la experiencia.

El tumultuoso camino a Gombe

A pesar de que estaba muerta de miedo, Jane Goodall aceptó el trabajo inmediatamente. Es cierto lo que dicen, que solo eres valiente de verdad si eres capaz de seguir adelante, aunque tengas miedo. Sin embargo, tuvieron que pasar dos años hasta que Louis Leakey consiguiera recaudar suficiente dinero para financiar el estudio de los chimpancés. Normalmente, no tenía ningún problema para encontrar mecenas, porque era reconocido mundialmente, pero en aquella ocasión fue muy diferente: ¡nadie confiaba en Jane Goodall! Seguramente se preguntaban qué haría una mujer de poco más de veinte años y sin estudios en medio de la selva.

Cuando finalmente los tropiezos económicos se solucionaron, apareció un problema logístico. Los oficiales del Parque Nacional de Gombe declararon que era demasiado peligroso que una mujer acampara sola en Gombe. Si Jane Goodall hubiera sido un hombre, posiblemente no se habrían preocupado, pero el pensamiento machista imperaba en África (y en el mundo) en los años sesenta. Por eso los oficiales no esperaban que la compañía designada para ella fuera... ¡su madre, Vanne! Fijaos que Vanne dejó su confortable casa en Inglaterra, el trabajo y a su hija pequeña... para acompañar a su hija mayor a la selva y enfrentarse a un montón de precariedades y peligros. Como dice Jane Goodall, «Creo que el apoyo de mi madre influyó decisivamente en mi vida».

El último tropiezo fueron los conflictos bélicos, que retrasaron la entrada a Gombe aún cuatro semanas más.

Mientras, Jane Goodall no perdió el tiempo: practicó sus habilidades de observación estudiando unos monos verdes que vivían muy cerca de Gombe, en la isla de Lolui. También se pasó una semana preparando comida para un grupo de personas refugiadas que huían de la guerra, dejando entrever la esencia humanitaria que la caracterizaba.

Finalmente, en julio de 1960, madre e hija establecieron un campamento en el Parque Nacional de Gombe. Si pensabais que una vez en Gombe todo saldría bien, no podíais estar más equivocados. Las cosas, tal y como explica Jane Goodall, no fueron nada fáciles. A menudo idealizamos la vida de aquellas personas que tienen la oportunidad de explorar lugares prístinos y salvajes como la selva. Dejad que os cuente brevemente cómo es esa vida en realidad.

Si la selva acoge tanta biodiversidad, es porque las condiciones meteorológicas lo permiten. Hace mucho calor, un calor asfixiante. Llueve muchísimo, todo el rato, así que estás mojada constantemente. Y, cuando hablo de biodiversidad, me refiero a todos los seres vivos. A todos. Del mismo modo que las selvas acogen tantísimos monos, pájaros y flores, también acogen un número incomparable de parásitos que causan enfermedades muy peligrosas, como la malaria. Por no hablar de los animales venenosos, desde las arañas hasta las serpientes, pasando por los escorpiones, e incluyendo la mosca tsetsé, cuyas picadas son muy dolorosas y se inflaman muchísimo. Las moscas y los mosquitos están, literalmente, por todas partes (¡incluso dentro de la tienda de campaña!), y hay algunos que son especialmente atrevidos y ponen sus huevos dentro de tu propia piel (una costumbre muy dolorosa). Pero, ¿dónde está el resto de animales que vemos en los documentales? De hecho, la mayoría de los animales solo salen de noche, o viven muy arriba, en las copas de los árboles, o bien escondidos dentro del agua. La verdad es que la selva puede ser un lugar muy solitario. Excepto las nubes de moscas y mosquitos que te acompañan a todas partes, persiguiéndote con su zumbido característico, es difícil ver alguna cosa más.

La experiencia de Jane Goodall no fue muy diferente de lo que os estoy contando. Ella y su madre vivían en tiendas de campaña, se bañaban en el río y comían poca cosa más que alimentos enlatados (tenéis que pensar que no tenían agua ni electricidad). Las dos se enfermaron de malaria y estuvieron dos semanas en la cama con fiebre. Jane Goodall también sufrió en silencio los mordiscos de la mosca tsetsé durante semanas, hasta que eventualmente su cuerpo se acostumbró y dejó de hincharse furiosamente después de cada mordisco. Pero, ¿y los chimpancés salvajes? Pues... ni rastro de ellos.

El nacimiento de una primatóloga excepcional

Durante sus dos primeros meses en Gombe, Jane Goodall apenas consiguió ver un chimpancé a lo lejos. Pero no se rindió, ni siquiera cuando Vanne tuvo que volver a Inglaterra. Afortunadamente, no se quedó sola, sino en compañía de los guías y cocineros africanos, a los que siempre ha estado profundamente agradecida. Este agradecimiento y respeto son cualidades excepcionales de Jane Goodall que no abundaban entre los primatólogos de la época. Lamentablemente, los orígenes de la primatología se basan en el colonialismo, que es la práctica por la que los países a los que llamamos «desarrollados», como Gran Bretaña o Francia, explotan los recursos de países «no desarrollados o en vías de desarrollo» y les imponen su cultura. Históricamente, los primatólogos habían sido hombres blancos de países ricos que viajaban a África, establecían un campamento, contrataban a personas locales como guías, porteadores o cocineros, y, al cabo de unos meses, se marchaban. Era, pues, una dinámica prepotente e incluso racista. A las personas locales no se las consideraba dignas de liderar las investigaciones, y, por tanto, no tenían ni voz ni voto en los estudios que se hacían en sus tierras. Se les daban trabajos temporales, y esto creaba cierta dependencia cuando los investigadores extranjeros volvían a sus países y ellos se quedaban en el paro. Jane Goodall fue una de las primeras personas que empezó a criticar y a cambiar estas maneras de hacer colonialistas. Afortunadamente, después de ella más personas han luchado para corregir estas jerarquías, pero aún queda mucho camino por recorrer.

La tenacidad de Jane Goodall fue clave para que con el tiempo los chimpancés se acostumbraran a su presencia. Y ella, equipada con sus prismáticos, aprendió a distinguir a cada chimpancé y les puso nombres: David Greybeard, Goliath, Flo y sus hijos Fifi y Figan, Olly, Mr. McGregor, y muchos más. Jane Goodall también fue una de las primeras personas que les puso nombres en lugar de números, a diferencia del resto de biólogos, porque enseguida se dio cuenta de que cada chimpancé tenía una personalidad diferente y, por tanto, merecía un nombre de verdad. Esta práctica se hizo muy popular y, hoy en día, todos los primatólogos ponemos nombres a los animales que estudiamos. Otra práctica popularizada por Goodall es la regla de la inicial del nombre. Las crías de chimpancé tienen que recibir un nombre con la misma inicial que el nombre de la madre (por ejemplo, Fifi i Figan son hijos de Flo). Esta regla es increíblemente útil cuando se establece un centro de investigación a largo plazo y distintos investigadores estudian los mismos animales durante muchos años.

Uno de los primeros descubrimientos de Jane Goodall fue que los chimpancés comían carne y utilizaban herramientas. En aquella época, se pensaba que eran vegetarianos, básicamente. Y también se pensaba que únicamente el ser humano tenía el intelecto y la destreza manual suficiente para fabricar y utilizar herramientas. Por eso Louis Leakey dijo: «Ahora tendremos que redefinir "herramienta" y "ser humano", o aceptar que los chimpancés son humanos». Goodall solo tenía veintiséis años cuando contribuyó a redefinir qué es un «ser humano». Supongo que por aquel entonces todos aquellos mecenas que se negaron a financiar su trabajo debían de estar terriblemente arrepentidos.

Esas observaciones eran tan importantes y revolucionarias que había que publicarlas: era necesario que Goodall fuera a la universidad y escribiera una tesis doctoral. Leakey le consiguió una plaza en una de las universidades más prestigiosas del mundo: la Universidad de Cambridge, en Inglaterra.

En la Universidad de Cambridge

En diciembre de 1961, Jane Goodall dejó Gombe y viajó a Cambridge para hacer su doctorado en Etología. En aquella época, la etología británica era una ciencia fría, metódica, rígida y objectiva. Los compañeros de clase de Goodall se burlaban de ella porque, además de ser mujer, no tenía ningún máster ni carrera. Afortunadamente, su director de tesis, Robert Hinde, fue más comprensivo y paciente que los demás estudiantes. Él le enseñó a pensar de manera crítica y a escribir para un público científico, e incluso visitó Gombe y consiguió más financiamiento para el estudio de los chimpancés que se realizaba allí.

Robert Hinde aceptó más adelante a otra primatóloga como estudiante, Dian Fossey, que estudiaba los gorilas de montaña en Ruanda. No fue ninguna coincidencia que Fossey también fuera contratada por Leakey, como también lo fue Biruté Galdikas, que estudió los orangutanes de Borneo. Hay quien conoce a estas tres brillantes primatólogas como «las Trimates», de las palabras inglesas *Trio* y *Primates*. La influencia de Goodall, Fossey y Galdikas ha sido tan grande que la primatología es una de las pocas ciencias en la que encontramos a más mujeres que hombres. Su popularidad supuso un ejemplo fantástico para muchas niñas curiosas y emprendedoras que se dieron cuenta de que había un futuro para ellas en la primatología, y de que la mirada femenina es clave en la ciencia y la educación. Muchas de ellas se han convertido en científicas y profesoras.

Para sorpresa del resto de estudiantes, Jane Goodall no se dejó intimidar y obtuvo su doctorado en el año 1966.

Después volvió inmediatamente a Gombe para crear un centro de investigación como era debido: el Centro de Investigación del Río Gombe. Durante veinticinco años, las observaciones y los descubrimientos de Goodall, junto con los de otros investigadores y estudiantes del Centro, no dejaron de acumularse. De acuerdo con su ética anticolonialista, Jane Goodall siempre priorizó la entrada de investigadores y estudiantes de Tanzania y de África. El Centro de Investigación del Río Gombe ha desarrollado el estudio de campo sobre chimpancés más largo del mundo, con más de medio siglo ya de investigación continuada.

De primatóloga a conservacionista

En el año 1986, Jane Goodall asistió a una conferencia internacional sobre chimpancés en Chicago. Goodall y su equipo habían realizado un trabajo excepcional y pionero en Gombe, y ella se había convertido en una experta mundial en chimpancés. Sin embargo, desconocían lo que estaba pasando con los chimpancés de otras zonas de África. Y, cuando Goodall se encontró con el resto de investigadores, se dieron cuenta de que la situación era alarmante, pues cada vez había menos bosques y, por tanto, menos chimpancés. Los bosques se talaban para sustituirlos por cultivos y pastos, para utilizar la madera para fabricar muebles o papel y como combustible. Otros chimpancés estaban en peligro porque los capturaban para enviarlos a laboratorios médicos, comérselos o tenerlos como mascotas. Otra amenaza era la transmisión de enfermedades de los humanos a los chimpancés, porque incluso un simple resfriado puede ser mortal para ellos. Lamentablemente, esta situación es la misma para la mayoría de primates y otros muchos seres vivos de todo el mundo. Forma parte de lo que se conoce como la Sexta Extinción.

Jane Goodall quedó muy afectada. Simplemente, no podía continuar estudiando a los chimpancés de Gombe e ignorar esta cruel realidad.

Cuando salí de aquella conferencia, sabía que tenía que intentar hacer algo. No sabía qué, pero no podía seguir ignorando aquellos problemas. Los chimpancés me habían dado tanto que yo sabía que había que intentar ayudarlos.

No tardó mucho en entender qué podía hacer para ayudarlos. Una de las causas de los problemas de los chimpancés es que las personas que viven cerca de ellos, a menudo desplazadas por los colonizadores blancos, han perdido sus recursos ancestrales y necesitan otros recursos para vivir y alimentar a sus familias. Era necesario, pues, colaborar con la población local para conseguir ayudar a los chimpancés. Este enfoque es lo que se conoce como «conservación basada en las comunidades», una manera de conservar especies y hábitats que se popularizó gracias a Goodall y a muchos otros conservacionistas concienciados con el tema. Antes, muchos creían que la mejor manera de proteger especies y hábitats era declarar «espacios protegidos», áreas naturales de las que se echaba a los habitantes, que tenían prohibido entrar a pastar las vacas o a recoger tubérculos salvajes. Esto fue una de las causas de que muchas personas fueran desplazadas y se quedaran sin sus fuentes de alimentación.

Convencida del poder de la conservación basada en las comunidades, Jane Goodall se alió con las personas locales para cofundar el programa Roots & Shoots [«Raíces y Brotes»] y el programa TACARE. Como explica en el discurso, son programas destinados a las comunidades locales que han tenido mucho éxito. También fundó el Centro de Rehabilitación de Chimpancés de Tchimpounga, en la República del Congo, para hacerse cargo de pequeños chimpancés que se habían quedado huérfanos como consecuencia de la caza y el tráfico ilegales. Ya sabemos que Goodall da mucha importancia al papel de la madre, tanto en la sociedad humana com en la sociedad de los chimpancés. De hecho, las probabilidades de supervivencia de un chimpancé huérfano son prácticamente nulas, y por eso en el Centro de Rehabilitación hay trabajadoras que hacen de «madres adoptivas» para los pequeños chimpancés. La mayoría de trabajadores y trabajadoras son congoleses, y la directora del centro es una mujer, la veterinaria gallega Rebeca Atencia.

El mensaje de Jane Goodall

En el año 2002, como reconocimiento por el valor de todos estos programas, Jane Goodall fue nombrada Mensajera de la Paz por las Naciones Unidas. A este título se le sumaron otros más, incluyendo el Premio Internacional Cataluña, como reconocimiento por sus descubrimientos científicos y también por sus acciones por la solidaridad, la paz y la educación.

Los seres humanos somos muy inteligentes, pero, gracias a las observaciones atentas de científicas como Jane Goodall, estamos descubriendo que no somos los únicos animales inteligentes del planeta. Ella descubrió que los chimpancés sabían fabricar y utilizar herramientas, como un palo para cazar termitas (las termitas son unos pequeños insectos que se comen la madera y viven en colonias, y los chimpancés los encuentran muy apetitosos porque tienen mucha grasa). Los otros grandes simios —bonobos, gorilas y orangutanes— también utilizan herramientas. Recientemente, un equipo de investigadores brasileños ha descubierto que los monos capuchinos de Brasil también usan herramientas para pelar los frutos de una palma. ¡Incluso los delfines utilizan herramientas! Pero, como dice Goodall: «No hay comparación con nuestro cerebro».

Por ejemplo, los chimpancés pueden crear herramientas rudimentarias, pero, en cambio, son incapaces de fabricar herramientas complicadas que requieran una secuencia compleja de pasos (¡como un molino o una bicicleta!), y a los más pequeños no les enseñan cómo hacer herramientas, sino que estos aprenden por imitación. Por otro lado, aunque los chimpancés, en ocasiones, hacen «una especie de guerra primitiva», similar a la de las comunidades de personas cazadoras-recolectoras, no saben lo que es la venganza, ni las represalias, ni siquiera la muerte. Esto significa que, cuando un chimpancé se pelea con otro, no es consciente de que puede acabar matándolo. En definitiva, los chimpancés no son plenamente conscientes de sus actos de la manera en que lo podemos ser nosotros. Cuando nosotros hacemos la guerra, somos conscientes de que podemos matar a otras personas. Y también somos conscientes de que, si destruimos la selva de los chimpancés, los estamos llevando a la muerte, a ellos y a otros muchos animales.

Jane Goodall se pregunta:

> Entonces, ¿cómo es posible que la criatura con el mayor intelecto que haya caminado jamás sobre la Tierra esté destruyendo nuestro único hogar?

Afortunadamente, va creciendo entre nosotros la conciencia de que hay que respetar nuestro planeta, ya que, como ella apunta, es el único que tenemos.

Por eso, Jane Goodall empezó a viajar por todo el planeta para compartir su mensaje con todo el mundo. No es un mensaje catastrófico, aunque nos recuerde todos los daños que estamos causando a la Tierra, sino de esperanza. Ella cree que aún estamos a tiempo de detener la Sexta Extinción y el cambio climático, si todos y todas (¡y tú también!) ponemos un poco de nuestra parte.

Marcando la diferencia trescientos días al año

Hasta hoy, Jane Goodall ha ido visitando escuelas y universidades, dando charlas y conferencias, trescientos días al año, en más de cincuenta países. No nos sorprende, pues, que pronuncie este discurso con tanta naturalidad y desenvoltura, sin leer ningún papel. Su voz es fuerte, pero no agresiva; inquisitiva, pero no desafiante. Sus palabras se entrelazan con pausas perfectas.

Su presencia ya es, por sí misma, cautivadora. No lleva maquillaje ni ningún peinado sofisticado, pero tiene una belleza y una jovialidad inusuales para sus ochenta y un años. Se recoge el pelo con la misma cola de caballo que podemos ver en las famosas fotografías de sus años en Gombe. Viste de manera muy discreta, con una sencilla blusa negra y un pañuelo de colores. De hecho, Jane Goodall repite este vestuario en la mayoría de discursos que hace, y me atrevería a decir que lo hace a propósito. Como nosotros tenemos conciencia, «podemos marcar la diferencia cada día», y ella lo hace siendo una consumidora concienciada. No solo con la ropa, también con la comida; es vegetariana (y, cuando puede, vegana) desde que tenía veinte años, y anima a todo el mundo a reducir el consumo de carne y pescado. También prioriza consumir alimentos ecológicos y de proximidad, porque esto contribuye a reducir la huella ecológica.

El público más observador debe de haberse dado cuenta de que muy cerca de ella hay un mono de peluche (y digo «mono» y no «chimpancé» porque el peluche tiene cola). Se trata de Mr. H, leal acompañante de Jane Goodall, que fue un regalo de cumpleaños de un viejo amigo llamado Gary Haun. Para ella, el peluche representa a su amigo, que, a su vez, representa «el espíritu indomable del ser humano». Me refiero al espíritu de una persona ciega que bucea, sube montañas (¡incluso el Kilimanjaro!), dibuja y hace trucos de magia. ¡Imaginaos lo difícil que tiene que ser, ser un mago ciego! Fijaos:

Otra razón para la esperanza es el hecho de que el espíritu humano es indomable. Hay gente que realiza tareas que parecían imposibles sin rendirse, como las personas que superan discapacidades físicas enormes.

Mr. H es, pues, un símbolo de esperanza. Vosotros, lectoras y lectores, también sois un símbolo de esperanza. Como dice Jane Goodall, vosotros conocéis «todos los daños que hemos causado al planeta» y al mismo tiempo tenéis en vuestras manos el poder de repararlos. *¿Qué diferencia marcaréis, hoy?*